AUGUSTE BURDEAU

Une Évasion

(Souvenirs de 1871)

Avec une Notice
de M. Gaston DESCHAMPS

Paris, 5, rue de Mézières
[Arma]nd Colin & Cie, Éditeurs
[L]ibraires de la Société des Gens de lettres.

UNE ÉVASION

(Souvenirs de 1871)

Coulommiers. — Imp. Paul BRODARD. — 217-95.

AUGUSTE BURDEAU

UNE ÉVASION

(Souvenirs de 1871)

AVEC UNE NOTICE DE M. GASTON DESCHAMPS

PARIS
ARMAND COLIN ET Cie, ÉDITEURS
Libraires de la Société des Gens de lettres
5, RUE DE MÉZIÈRES
1895

NOTICE

Auguste Burdeau, professeur agrégé de l'Université, député du Rhône, président de la Chambre, ancien ministre de la marine et des finances, était le fils d'un ouvrier de la Croix-Rousse.

Il naquit au mois de septembre 1851, cinquième enfant d'une famille très pauvre. Son père mourut quelque temps après sa naissance. Tout le fardeau des responsabilités et des devoirs retomba sur sa mère, qui dut travailler double, pour soutenir la maison.

Un des hommes qui ont le plus aimé Burdeau, M. Gasquet, a évoqué, en une sobre esquisse, cette admirable femme du peuple : « Je l'ai vue, dit-il, à plus de quatre-vingts ans, très simple dans sa mise paysanne, active et remuante et nullement étonnée des hautes destinées de son fils. »

Et M. Aynard, dans les belles pages qu'il a consacrées à son regretté collègue, rapporte ce fait : « Dans la salle des Pas-Perdus de la Chambre, après une séance troublée, on discutait vivement, dans un groupe de députés, la question de la réglementation des heures de travail. Burdeau vient à passer; il s'approche du groupe, s'enquiert de la question débattue, et se retire, paraissant saisi d'une émotion subite, après nous avoir jeté ces mots : Si ma mère, qui n'était qu'une pauvre ouvrière, avait connu la journée de huit heures, je ne serais pas arrivé jusqu'ici. »

A dix ans, Burdeau, apprenti chez un tisseur de soie, et suivant, comme il pouvait, les cours de l'école primaire, attira l'attention de plusieurs personnes, par son ardeur au travail, et par la précocité de son esprit. Une bourse, obtenue au concours, lui ouvrit l'accès de l'enseignement secondaire. Elève du lycée de Lyon, il obtint, à dix-sept ans, le second prix de philosophie au concours général des départements. Le bruit de ses succès scolaires décida le directeur du collège Sainte-Barbe à lui offrir une pension dans son établissement, qui tenait alors un très haut rang, et qui recrutait, avec soin, les plus fameux lauréats. Burdeau, qui ne faisait rien à la légère, ne fut point grisé par ces avances. Ses succès précoces ne lui avaient point fait perdre la notion de ses devoirs et de ses droits. Notons ce détail, donné par M. Gasquet : « Burdeau, qui n'avait accepté le lycée qu'à la condition de pouvoir aider sa mère, en donnant quelques leçons, n'accepta la pension parisienne qu'à condition qu'elle serait désintéressée du profit qu'elle allait perdre par son départ. » Mais, sitôt qu'il fut entré à Sainte-Barbe, il se sentit obligé de justifier, par les résultats de son travail, l'hospitalité qu'il recevait. Il obtint le prix d'honneur de philosophie, au concours général de 1870.

Ce prix ne fut jamais décerné en séance publique. La distribution solennelle qui réunit habituellement, à la Sorbonne, sous la présidence du ministre, les élèves et les maîtres des lycées de Paris, fut différée, cette année-là, pour des raisons tragiques. Le matin du jour où elle devait avoir lieu, on avait appris une nouvelle défaite de l'armée française et le sacrifice des cuirassiers de Reichshoffen.

Burdeau était dispensé du service militaire, par son prix d'honneur d'abord, et ensuite par sa qualité de normalien. Il résolut de s'engager. Deux de ses frères avaient déjà rejoint les drapeaux.

Refusé à Paris par un conseil de revision qui le jugea de complexion trop faible, il courut à Lyon, et réussit à se faire inscrire au 21e bataillon de chasseurs à pied. Il se battit à Arcey, à Villersexel et pendant les trois journées d'Héricourt. On sait comment notre armée, prise entre deux corps ennemis, dut battre en retraite et se replier vers la frontière suisse. Laissé à l'arrière-garde, avec cent vingt hommes, sans ordres, dans un petit village nommé Sainte-Marie, Burdeau, qui venait d'être nommé sergent, résista, pendant plus de quatre heures, à tout un bataillon de landwehr, qu'appuyait une batterie. Blessé à la jambe gauche, à demi assommé par un coup de crosse, Burdeau fut pris, et emmené en captivité à Lechfeld en Bavière. Dès qu'il fut à peu près guéri, il n'eut plus qu'une idée, qu'un but : s'évader.

On lira dans le livre qui suit cette notice, le récit de cette évasion. On y verra que l'héroïsme de Burdeau était gai, bon enfant, spirituellement et crânement français.

Dans la séance de rentrée de l'École normale supérieure, le 27 décembre 1871, le ministre de l'Instruction publique attacha, sur la poitrine de l'élève Burdeau, la croix de la Légion d'honneur.

Ce qu'il fut à l'École normale, un de ses maîtres l'a dit : « Il fut, dans sa promotion, un des élèves qui se soumirent avec le plus de bonne humeur à la discipline légère de l'école et qui profitèrent le mieux de son enseignement... Cet enseignement, dont il ne voulait rien perdre, Burdeau en garda l'empreinte profonde. Ce fut là qu'il s'initia aux secrets de ces méthodes sévères sans lesquelles l'esprit, même le mieux doué, éparpille et perd son effort. Ce fut là qu'il apprit à ne pas se contenter des phrases banales et des jugements de seconde main, à remonter aux sources, à ne s'élever aux idées générales, qu'après avoir recueilli soigneusement les faits et les avoir bien classés. Ces vertus de l'intelligence, Burdeau les appliqua plus tard à l'étude des phénomènes sociaux et des questions financières, à la critique et à la préparation des budgets [1]. »

Devenu maître à son tour, reçu le premier aux épreuves de l'agrégation de philosophie, il enseigna d'abord à Saint-Etienne et à Nancy. Au bout de six années de stage en province, il fut nommé professeur au lycée Louis-le-Grand. Personne ne s'étonna de cet avancement rapide.

1. Discours prononcé aux obsèques de Burdeau, le 17 décembre 1894, par M. Georges Perrot, membre de l'Institut, directeur de l'École normale supérieure.

Par son éloquence et par sa doctrine, Burdeau exerça, sur la vie intellectuelle et morale de plusieurs générations, une influence qu'il est nécessaire de rappeler ici.

J'ai eu l'honneur d'être, pendant deux ans, son élève dans la classe de philosophie du lycée Louis-le-Grand. Je l'ai connu à l'âge où l'on juge les hommes avec une entière liberté d'esprit, avec le sûr instinct du cœur. C'était un professeur incomparable. J'ose dire, sans craindre d'être démenti par personne, qu'il excitait en nous un véritable enthousiasme. Le scepticisme scolaire, l'inepte ironie des écoliers les plus déterminés à la paresse, cédait devant la beauté de ses fortes et vivantes leçons. Nous entrions dans cette petite salle de la « division C » avec une sorte d'allégresse. Ce fut pour nous comme une renaissance intellectuelle, une arrivée joyeuse dans un monde nouveau. Beaucoup d'entre nous, quoique déjà bacheliers, redoublèrent leur philosophie afin de pénétrer plus avant dans la doctrine de notre maître. Éloquent, façonné par une vigoureuse discipline au maniement des idées générales, muni de faits, robuste et souple, naturellement porté au ton soutenu et grave, mais capable de trouvailles spirituelles, de fantaisie et d'humour, Burdeau avait une façon d'enseigner tout à fait virile, dégagée des petites recettes et des menus procédés de la pédagogie. Il nous tenait en haleine par des moyens qui le dispensaient de faire la police par des retenues ou des pensums. Nul ne pouvait échapper à l'autorité de son savoir, à l'ascendant de son mérite personnel.

Nulle question ne l'effrayait. Il estimait que l'on doit aider la jeunesse à profiter du temps si court où le jugement ne risque pas d'être faussé par l'intérêt. Il nous habituait à dominer par une équité volontaire le tumulte des querelles, des convoitises, des haines. Il nous parlait comme à des hommes, avec une brusquerie et une indulgence de frère aîné. Nous l'écoutions avec des sentiments qui différaient de l'attention passive et machinale dont les collégiens sont coutumiers. Je n'ai jamais vu un plus parfait équilibre de qualités qui semblent s'exclure, un mélange si singulier de réflexion et de fougue. Sa parole élégante et précise donnait aux théories les plus abstraites un charme littéraire qui séduisait les auditeurs les plus revêches. Je me rappelle un exposé de l'hypothèse de Laplace, qui fut fait en présence de M. Lachelier, et qui nous émerveilla par une magnificence austère, toute proche de la grande poésie. Je viens de retrouver, dans mes notes, une leçon sur Descartes qui est un chef-d'œuvre d'érudition minutieuse, d'ordonnance logique et de nouveauté.

Le cours de Burdeau, visiblement inspiré par M. Lachelier, dirigé par des préoccupations libérales et patriotiques, réservait la première place aux problèmes moraux. Notre maître laissait à d'autres le plaisir puéril d'éblouir quelques douzaines d'élèves par des prouesses métaphysiques. La guerre de 1870 avait mûri sa pensée par une expérience précoce et douloureuse. Il savait les obligations que les malheurs de la France imposent à tous ceux qui ont mission d'instruire des jeunes gens. Nul n'a mieux compris ni mieux expliqué que lui la doctrine de Kant sur le devoir. Il ne séparait pas la perfection intellectuelle de la perfection morale. Il croyait au progrès indéfini du monde par l'accord de la raison et de la moralité. L'effort personnel, même vaincu par la puissance aveugle des choses, avait, à ses yeux, un prix inestimable. Il ne doutait pas du triomphe lointain des idées justes, des volontés droites, des sentiments généreux. Collaborer aux fins divines de l'univers, voilà l'essentiel. Le reste est vain. Il professait le kantisme, mais enrichi par tout l'acquis de la science moderne, ennobli par un reflet de la sagesse grecque, fortifié par la chaleur communicative d'un stoïcisme ardent. Il avait été vivement frappé, dans sa jeunesse, par la sereine patience avec laquelle son maître Bersot avait supporté la douleur physique. Les mots d' « endurance active », de « résistance au mal », de « maîtrise de soi », revenaient souvent dans ses discours. Il disait, à propos du pessimisme, que nul n'a droit au bien-être et que c'est une singulière prétention que de se plaindre. Se doutait-il, en ces années de santé et d'énergie, qu'il devrait, lui aussi, s'armer de ferme constance contre la maladie, contre le désespoir, contre la vision de la mort prochaine ! Songeant à l'égalité d'âme avec laquelle il a souffert les pires épreuves, je me suis rappelé cette maxime, qu'il aimait à redire : « L'abnégation est le plaisir des forts. »

Sa prédication (car c'est le vrai nom de cette propagande morale) ne se réfugiait point dans les théories, hors de l'espace, du temps et de l'action, au-dessus des réalités actuelles. Ses conseils étaient clairs, impérieux, pressants. Il avait au plus haut point le culte de la patrie et le souci de l'honneur national. Il nous lut un jour (je crois l'entendre encore) la tragique épopée que Victor Hugo a intitulée : *Sedan*. Il nous parlait souvent de l'Alsace et de la Lorraine. L'intrépide soldat de l'armée de l'Est avait le droit de parler sans emphase d'un devoir qui nous poursuit, et qu'on ne supprimera pas en le taisant.

Ceux qui se sont assis sur les bancs de cette classe en ont emporté, à travers la vie, autre chose que des rédactions mises au net sur des cahiers. Mes camarades peuvent attester ce que je dis, et notre témoignage vaut bien, j'imagine, celui des calomniateurs professionnels.

La pensée et le cœur de notre maître ont laissé en nous un sillon que rien ne pourra effacer, et où germera, je l'espère, une moisson de volontés et d'actes. Nous regrettions que Burdeau, qui parlait sans notes, ne prît point la peine de rédiger ce qu'il nous disait. La matière de plusieurs beaux livres a été dépensée par lui, au jour le jour, dans des improvisations prodigues. Et puis, il avait assumé de lourdes charges. Il était obligé, pour tenir des engagements que sa générosité chevaleresque lui conseilla, de gagner tout de suite, de travailler sans relâche à ses traductions d'Herbert Spencer, de Schopenhauer. Il ne dédaignait pas d'écrire des manuels pour les écoles primaires. Son talent y apparaît, mais dans un cadre qui n'est guère fait pour en donner une juste idée. Plus tard la politique le prit. Les sages qui se tiennent à l'écart des responsabilités et des batailles lui paraissaient pécher par un égoïsme qui, pour être raffiné, n'en est pas moins blâmble. Dans notre démocratie, disait-il, nul n'a le droit de préférer sa tranquillité au devoir civique.

Les plans de ses cours, sa thèse ébauchée, l'esquisse des ouvrages qui auraient pu lui assurer une renommée d'écrivain, toutes les entreprises qui tentaient son intelligence hardie et diverse, rentrèrent dans ses cartons. Son esprit de méthode, ses dons oratoires, ses rares facultés d'organisation, sa volonté que la mort seule a pu abattre allaient s'appliquer à d'autres objets. Il chercha et trouva, dans l'exercice des mandats électifs et des fonctions publiques, une autre manière de consacrer sa force et d'user sa vie au service de l'État.

Mais il aimait toujours à évoquer ses années paisibles d'apprentissage et d'enseignement. L'Université lui était chère. Il se plaisait à rencontrer ses anciens élèves, à les suivre, à les soutenir amicalement dans leurs tentatives, dans leurs réussites, dans leurs déceptions. Beaucoup d'entre eux ont éprouvé ses bienfaits et s'en souviennent.

Un jour, je lui disais combien nous étions désireux de le voir prendre enfin assez de loisir pour écrire et publier son cours. Je lui citais tous ceux qui ne se contentaient point des analyses fort incomplètes où nous réduisait l'exposition orale. Je le remerciais pour tout le plaisir et tout le profit que nous lui devions. J'ajoutais que sa doctrine était de celle qu'on n'oublie pas, qu'elle faisait, pour ainsi dire, partie intégrante de notre personne, que, plus tard, nous retrouverions en nous, comme un remède contre les désillusions et les défaillances, le souvenir de ses leçons si viriles, de ses exemples si éloquents. Il me répondit, en me serrant la main :

« Ce que vous me dites me console de n'avoir rien publié. »

A vrai dire, il n'a jamais cessé de philosopher. Il ne faisait que porter dans le domaine de la pratique les nobles idées dont il nous a confié la garde. Dans les occupations multiples d'une carrière si agitée, il n'a jamais perdu de vue les sources pures d'où viennent les hautes pensées et les vaillantes résolutions.

En 1892, quelques hommes de bien s'unirent en vue d'une action commune de relèvement moral. Ils appartenaient à des partis très différents. Plusieurs avaient des opinions philosophiques, politiques, sociales tout à fait opposées à celles de Burdeau. Cependant, ils songèrent à lui dès les commencements de leur propagande. Burdeau était alors ministre de la marine; il préparait cette expédition du Dahomey qui devait révéler en lui une prévoyance et une habileté scrupuleuse que l'on connaîtra plus tard. Il venait de publier une traduction de *l'Alternative*, de Clay. C'est un très beau livre, dont l'auteur étudie l' « alternative » où nous sommes placés, entre la vie spirituelle, qui est liberté, et l'assujettissement aux forces naturelles, qui est servitude. « Le coupable, dit Clay, n'est qu'un accident de la nature, comme la grêle et les tremblements de terre ; il n'est pas encore parvenu à l'*humanité*. On n'y arrive que par l'obéissance à la loi divine de l'abnégation et de l'amour. » M. Paul Desjardins écrivit à Burdeau pour le féliciter d'avoir mis à la portée du public français un ouvrage si considérable et si efficace. Voici la réponse qu'il reçut aussitôt; elle fut imprimée dans le premier *Bulletin de l'Union pour l'action morale* :

Monsieur,

J'ai été touché de la lettre, si pleine d'idées et si pleine de cœur, que vous avez bien voulu m'écrire au sujet de ma seconde traduction de *l'Alternative*. L'estime que vous m'y témoignez, en votre nom et au nom de vos amis, est pour moi une source de force.

Je crois fermement avec vous que nous tournons le dos à la vérité, en prenant pour but de nos efforts l'accroissement du seul bien-être des hommes; nous oublions que le véritable levier du monde et la cause la plus certaine de tout bonheur, c'est le sacrifice et la joie de se sacrifier. L'individu est un monstre dans la nature, et il ne revient à l'équilibre et à la santé qu'en se subordonnant à un ensemble le plus vaste possible, et finalement à un idéal. Tout admirateur que je suis des philosophes grecs et de Socrate surtout, je pense que le Christ a prononcé la plus haute parole qui ait été entendue des oreilles humaines : que le royaume du monde et des cieux est à celui qui saura aimer et se sacrifier.

Ces idées sont loin, en apparence, de diriger ceux qui dirigent actuellement les États et les sociétés; il faut pourtant nous y attacher parce que la vérité, défendue avec une obstination suffisante, doit finir par triompher. Je suis heureux de me trouver, grâce à elles, rapproché de vos amis et de vous-même.

Et je vous prie de croire, monsieur, à mes sentiments les plus cordiaux.

A. Burdeau.

7 août 1892.

J'ai retrouvé, dans cette lettre, que je ne veux pas commenter, le résumé et comme la substance de ce que Burdeau m'avait appris, et en même temps, l'idée directrice qui a régi sa conduite.

Le moment n'est pas venu de raconter en détail la vie héroïque et exemplaire (je prie le lecteur de donner à ces deux mots tout leur sens) d'Auguste Burdeau. Aussi bien il vaut mieux que quelques amis, fidèles au souvenir de cet homme qui honora la démocratie par son intelligence et par son caractère, gardent en eux, comme une consolation et comme un réconfort, le secret de certaines actions, particulièrement délicates et rares, qui furent connues, malgré celui qui les a faites, et qu'on hésite, maintenant du moins, à livrer au public.

On sait quel fut son rôle politique. On a dit tout ce que sa vie si brève a pu accumuler d'œuvres bonnes, tout ce que promettait, à l'âge où les hommes d'État profitent de leur expérience, l'effort de sa bonne volonté. J'ai voulu m'acquitter, s'il est possible, envers sa mémoire, et dire ce qu'il fut pour ses disciples, ce que, personnellement, je lui dois. Les années de labeur où il se consuma, cette mort stoïque, par laquelle il nous a légué un dernier exemple, ont accru mon affectueuse admiration pour sa personne. Je suis, comme beaucoup d'autres et plus que jamais, son disciple. A mesure que j'écris, je sens renaître sous ma plume des maximes qu'il m'a dictées, des locutions que je reconnais pour siennes, des vérités auxquelles il m'a initié.

Cher maître et cher ami, vous revivrez en nous. L'écho de votre parole nous indiquera la route à suivre. Comme vous, nous ne craindrons pas d'entrer dans cette lutte meurtrière où les meilleurs ont péri, où vous tombez trop tôt. De nouvelles recrues viendront remplacer les morts, jusqu'à la victoire finale de ceux qui veulent qu'il y ait une patrie, un idéal, une loi.

GASTON DESCHAMPS.

UNE ÉVASION

(SOUVENIRS DE 1871)

Camp de Lechfeld.

Allons! le moment est venu : dix heures du soir, c'est l'heure de l'extinction des feux, l'heure convenable, en ce camp de Lechfeld, pour qui veut tenter la chance d'une évasion.

Le *frichti* de lard et de haricots, toute une gamelle de campement, a été mangé avec lenteur, emmagasiné consciencieusement dans quatre estomacs qui avaient à faire provision. Un coup de schnaps pour mettre le tout en ordre; et maintenant, mes amis, en avant!

Une dernière revue! C'est ma besogne, cela! car la captivité ne m'a pas enlevé mes galons de sergent, et dans nos rangs, personne ne voulant croire que pour lui la guerre soit finie et qu'il ait cessé d'être utile, la même hiérarchie, la même discipline s'est maintenue. Voilà mes trois hommes en ligne : Faure d'abord, un marin devenu chasseur à pied, mon *soldat*, mon camarade, en campagne, en captivité, partout, l'un des survivants intacts (ils ne sont pas très nombreux) de la dernière affaire où notre bataillon fut engagé, dans l'Est, au premier jour de cette triste retraite. Au physique, un petit homme, si petit, qu'on le refusait à l'engagement ; il s'obstina dans la caserne, tant et tant qu'on se décida à lui donner un uniforme. Aussi large d'ailleurs qu'il est court; face rougeaude, des yeux furibonds, une poigne terrible : en tout, la physionomie d'un crabe qui se tiendrait debout. — Poichet, surnommé dans tout le camp le professeur; et il l'est, en effet, dans un des grands lycées de l'Ouest. Engagé au 4e zouaves après Sedan. A découvert alors que c'était sa vraie carrière : au régiment, il a si bien joué son rôle et caché son origine, qu'après quatre mois de combats, il s'est poussé jusqu'au grade de premier soldat. Au demeurant, c'est l'idéal du simple zouave : grand gaillard, aux allures décidées; nez busqué; en guise de sourcils deux broussailles au fond desquelles étincellent des yeux qu'on ne peut voir de près, et qui de loin ont un air très farouche; un hérissement de barbe qui lui fait une tête formidable, excepté quand il sourit. Mais alors, quelle éclaircie, quelle explosion rassurante d'une bonne gaîté, d'une gaîté rabelaisienne, que le vin de France avait allumée et que la bière allemande n'a pu noyer encore. — Et Nux enfin, un être singulier, stature imposante qui jure avec des gestes et des façons gouailleuses; une sorte de gamin de Paris qui aurait six pieds de haut. Maigre, avec une tête de Kalmouk emmanchée sur un corps trop long, qui en marche s'ouvre brusquement, menaçant de se fendre jusqu'au cou, avec des saccades comme d'un compas qui marcherait. Une bouche immense, à peine suffisante encore pour un éclat de rire qui vaut un coup de trompette. Un courage bizarre, qui procède par coups de folie, et qui réussit mieux que l'habileté la plus consommée, comme s'il s'y mêlait quelque calcul secret. Il fut de ces quelques artilleurs qui, devant Héricourt, se trouvant avec trois pièces de 4 sur une côte escarpée, sans abri, pris d'écharpe par les obus prussiens, et ne pouvant être sauvés que par un miracle, le firent : à bras d'homme, en quinze minutes, ils enlevèrent leurs pièces, les reportèrent 10 mètres plus haut, sur le plateau, les installèrent derrière un épaulement naturel, et là tinrent bon, survécurent.

Les voilà, tous les trois, par rang de taille : des costumes bizarres, car dans une évasion à quatre, où, pour profiter du seul avantage qu'il y ait à être nombreux, on compte bien ne pas se cacher toujours, on ne peut garder le costume militaire. Nux, qui est tailleur, nous les a confectionnés dans la journée — car c'est ce matin que notre résolution a été prise — avec des défroques de paysans et de soldats bavarois, achetées à des camarades qui se les étaient procurées Dieu sait comment. Seulement chacun de nous a sur soi quelque pièce essentielle de son costume de soldat français, dissimulée autant qu'il se peut. C'est pour le jour de la rentrée en France. Des poches partout, et pleines! J'en passe l'inspection; tout y est : les couteaux, la ficelle, le pain et les quelques rations de viande bouillie économisées ou achetées à de moins affamés; de l'argent aussi, car il en faudra, une fois en Autriche.

Ainsi, tout est bien en règle. Un dernier mot! Il est temps encore de se dédire! Personne n'a de regrets? — Non, dit Poichet. — Partons, dit Nux. Faure ne dit rien : il roule des yeux d'apoplectique. Aussi bien, l'heure est venue de tenter un coup : les Allemands parlent d'une indemnité de cinq milliards, qu'il faudra payer avant notre libération. Et nous qui nous étions crus sur le point de partir! Cinq milliards, est-ce que cela se paie? Les Allemands ne veulent pas que la guerre finisse. Les figures, au reste, dans tout le camp deviennent lugubres, songeuses. Si le désappointement se tourne en désespoir, gare! il y aura épidémie d'évasion [1]. Déjà, aujourd'hui, presque en plein jour, à huit heures du soir, tandis que nous étions à étudier le terrain, trois Français, profitant de la ren-

1. A partir du 15 juin, en effet, comme je l'ai su plus tard, des prisonniers s'évadaient de Lechfeld par bandes, sans précaution, passant au pas de course entre les factionnaires qui les fusillaient à bout portant.

trée au camp d'une dizaine d'ivrognes bavarois, ont su, un à un, en moins de cinq minutes, à la barbe des sentinelles, filer, traverser la ligne, la dépasser de cinquante pas, s'aplatir soudain dans un pli de terrain, disparaître.

Nous quittons nos souliers, nous les pendons à nos ceintures, par derrière, pour marcher sans bruit et ramper sans embarras. Nos bâtons sont placés de même. Bouvier, mon brave brosseur, nous serre la main. Il éteint la lampe, puis doucement, avec des précautions infinies, il entr'ouvre la porte, passe la tête : ténèbres épaisses! il pleut. Pas de sentinelles volantes auprès de la baraque. L'un après l'autre, nous nous glissons au dehors; sous nos pieds nus, les cailloux restent muets. Glissant le long des baraques, et, dans les intervalles qu'elles laissent entre elles, filant d'un pas leste, amorti sur la terre à demi détrempée, nous arrivons à la barrière, à l'endroit choisi durant le jour. Elle est composée de très forts pieux, de jeunes sapins fixés à l'aide d'énormes clous le long de deux traverses horizontales, l'une à un pied de hauteur, l'autre à six ou sept pieds : un de ces pieux a été décloué par en bas; il a suffi d'une petite barre de fer, volée à des ouvriers bavarois et qu'on se repassse pour des ouvrages de ce genre; introduite entre deux sapins en manière de levier, elle a été maniée plusieurs heures durant, à la barbe des factionnaires par un soldat qui nonchalamment s'adosse à la barrière et là se dodeline d'avant en arrière, en causant avec un cercle de camarades. Le pieu maintenant est soulevé : une petite brèche. Au delà, le chemin de ronde, éclairé, tous les cent pas, de lampes à pétrole munies de réflecteurs, plantées contre les baraques. Sous chaque lampe une sentinelle. Les deux nôtres, de droite et de gauche, n'ont rien vu encore.

Faure, le premier, s'engage. Au petit bonheur! A plat ventre sur la traverse d'en bas, il se laisse couler sur le chemin. La terre, crayeuse, fait ressortir son corps, grosse tache brune qui s'avance. Il va se faire voir! Mais non, il a traversé, et le factionnaire, qui maintenant pousse ses cent pas de notre côté, garde son air insouciant. Nous nous aplatissons derrière la barrière; il passe. Sur ses talons, Poichet file : a-t-il bondi? a-t-il glissé? La chose a été instantanée, et n'a pas fait un frémissement.

Dix minutes d'attente. Nux passe. J'arrive le dernier.

Après le chemin, la terre, récemment remuée, est brune. C'est ce qui nous a fait choisir ce passage. A plat contre le sol, je cherche à voir : à quelques mètres, un peu en avant, une ombre qui rampe; c'est un des nôtres. Le reste, disparu.

Mais chut! Un bruit de pas, cadencés,

lourds. On va relever les factionnaires. Il est donc déjà minuit. A trente pas, je vois la seconde ligne des sentinelles, dans leurs guérites de paille, tournées parallèlement au chemin de ronde, et non pas face au camp, de façon que le factionnaire voie tout ce qui sort et puisse du regard l'accompagner jusqu'à la grand'route qui sert de second chemin de ronde. A l'entrée de chaque guérite, le caporal abouche les deux hommes : derrière lui, cinq ou six soldats. Le tout dure une minute. Ils s'éloignent : le moment est bon. C'est celui où la nouvelle sentinelle, prenant possession du poste, quitte son sac, endosse la capote de rempart. Très occupée, la sentinelle. Me rasant à terre, sur les genoux et les coudes, jusqu'à perte d'haleine, je file; puis, époumonné, je m'affaisse : j'ai fait ainsi cent mètres, aussi vite probablement qu'un homme marchant debout.

Justement un pas lourd, pressé, point

timide, arrive sur ma gauche. Je me fais petit, et, cherchant à terre, je ramasse un caillou : la plaine, un ancien lit du Lech, en est jonchée. Un grand corps passe, lancé au galop : j'ai reconnu les jambes de Nux, et bientôt son rire, qu'il tâche d'étouffer. Il a passé derrière un factionnaire, tout près, à le raser du coude. Son élan l'a, d'un coup, entraîné jusqu'au pied de la grand'route en talus [1]. On s'y retrouve au complet.

Collant son oreille aux accotements, Faure écoute. La route est libre au loin : rien qui signale ces patrouilles à cheval, si redoutables. Mais en traversant le chemin qui surplombe, il faut éviter de se rendre visible à la seconde ligne des factionnaires du camp. A plat ventre, et en avant! Nous commençons à devenir d'une assez jolie force à cet exercice.

Le reste est aisé. Une petite erreur dans

1. D'Augsburg à Innspruck, par Reute.

notre estime nous fait donner du nez contre un immense mur blanc, clôture d'un couvent, qui a été utilisée pour former une partie de la dernière enceinte du camp. Nous nous replions. Enfin, nous voilà devant Lechfeld. Un vrai traquenard, que ce petit village : la route, le soir, est fermée d'une barrière de quelques poutrelles pourries, avec un passage sinueux au milieu; de chaque côté, le long des maisons, deux fossés, deux égouts naissants, déjà riches en tessons de bouteilles.

L'un de nous a étudié le passage : sans rien briser, sans heurt, nous nous insinuons dans la rue. Là, bâtons en main, et jambes au cou! Le chien de la poste aboie, nous poursuit quelques pas, se lasse; tandis qu'il rentre au chenil, nous allons nous abattre sur le revers de la route, à trois cents mètres des maisons.

« Quel pays, grogne le marin! Les chiens y sont aussi fainéants que les maîtres. »

C'est le premier mot échangé depuis notre sortie de la baraque. On se serre les mains. Jusqu'ici tout marche à souhait, « classiquement », dit Poichet. Maintenant, c'est l'espace ouvert, la grand'route, il ne s'agit plus que de la suivre jusqu'au milieu de ces belles montagnes neigeuses, les Alpes du Tyrol, qui dans le sud se dressent depuis cinq mois à nos yeux, nous apportant à 150 kilomètres de distance, par les beaux jours clairs, toutes les tentations de la liberté. Sur nos têtes, le ciel invisible, qui distille une pluie menue et froide : elle nous pénètre, cette pluie, comme un bain glacé; mais elle nous enveloppe comme un voile mobile. Elle nous rassure. A droite et à gauche, sur les hauts seigles, elle fait entendre son bruit monotone : le reste est bien à nous : nos pieds, enfin chaussés, sonnent sur le cailloutis comme pour en prendre possession. Deux par deux, d'un pas élastique, ce pas du soldat français,

« cette danse inimitable, d'une gaîté entraînante », qui enchante Michelet, nous voilà lancés. Les souvenirs du régiment renaissent : on rit presque. Faure grogne une marche à effaroucher les cantinières. Nux remarque d'un air profond que la nuit est bien belle pour les voleurs.

« Si seulement nous en rencontrions quelques-uns !

— Baste! dit Poichet, que t'importe!

— Tu en parles à ton aise, toi qui es riche. Mais moi, qui n'ai pas 30 kreutzers en poche! J'aurais besoin de faire un emprunt. C'est ça qui me poserait une fois en Autriche! »

Ce n'est pas un voleur que nous rencontrons, mais un ivrogne, un soldat bavarois qui d'abord tombe sur Faure, veut l'embrasser, et pour récompense n'obtient qu'une effroyable bourrade, signée d'un juron de Marseille qui sent son cru. La bourrade lui fait mettre sabre au poing; mais au juron, comme éclairé soudain, à moitié dégrisé, il détale de son meilleur pas. Nux reproche à Faure son fâcheux caractère : il eût été si facile de s'adjoindre pour le reste de la nuit, ce gai compagnon : cela eût enlevé à notre promenade un peu de sa tournure par trop prosaïque.

Un bruit de grelots, de roues, de voix, lui coupe la parole. Vite, en bas, dans les seigles! Et, blottis dans les hautes tiges mouillées qui se replient sur nous, nous voyons arriver, se profiler sur le ciel qui commence à se dégager, une haute voiture de foin, escortée de plusieurs hommes. Au sommet, nos trois évadés de la soirée parlent entre eux, à haute voix :

« Je te disais bien que cette s... maison, avec ses chiens, ne valait rien pour nous. Ils y ont mis un poste, les gredins! »

Merci, camarades! L'avertissement ne sera pas perdu, et votre mésaventure nous servira de leçon. Vous ne saurez jamais ce que nous vous devons.

Eux passés, nous nous groupons. Il est clair que non loin de là se trouve tendu quelque traquenard. On n'avancera qu'avec précaution, à la file, et à de bonnes distances; Nux, le plus leste en avant; les autres, prêts à l'appuyer, car dans les grands moments on ne se séparera pas.

Mais ces précautions sont superflues. Au bout d'un kilomètre, une lumière se montre. Puis ce sont des aboiements. Nous nous jetons sur la droite et, par un vaste demi-cercle, nous évitons le péril. Revenus sur la grande route, nous triomphons. Seul, Faure n'est pas content; il grommelle contre les chefs français, qui ne savent pas éclairer leur route, et qui iraient donner dans tous les panneaux. Il a raison, ce brave Faure : sans nos trois « éclaireurs involontaires », comme les appelle Nux, nous aurions eu du mal à nous en tirer. Au reste, là n'est pas la cause de sa méchante humeur : la vérité, c'est qu'il n'est pas encore consolé de n'avoir assommé qu'à moitié son Bavarois de tout à l'heure. Nous le calmons en lui faisant entrevoir, entre nous et la frontière, encore une épaisseur de cinquante kilomètres de bedaines bavaroises. Cette idée lui rend sa sérénité d'esprit, juste à temps pour apercevoir le sentier qui, à gauche, va nous permettre de traverser le Lech sans passer sur le pont de Landsberg, avec son poste : une souricière où plus d'un camarade s'est fait prendre.

Le Lech s'annonce à nous de loin par son mugissement, qui de près se change, éclate, devient un étourdissant vacarme. Le voilà maintenant : un torrent, une bande d'écume de cent mètres de largeur, d'où sortent non pas ce bruit grave et soutenu des grands fleuves, mais des clameurs changeantes, avec des apaisements momentanés et des reprises étranges : on dirait les hurlements d'une meute. Mais le pont n'est pas loin : son étroite charpente se dresse près de nous.

Le pont traversé, nous tombons en plein dans un village [1] : impossible de l'éviter, les maisons venant jusqu'à la berge, très escarpée ici. Le chemin, devenu rue de village, tourne à droite, et monte selon une rampe assez raide. Les maisons, faites de torchis encadré dans des chevrons, en figures bizarres de damier, avec des toits aigus, pressées, épaulées familièrement, auraient sans doute, pour le premier venu, tout simplement cet aspect original, honnête et rassurant, des vieilles demeures humaines. Nous, pour qui chacune d'elles contient quelque ennemi, quelque paysan *Franzosenfresser* (mangeur de Français), encouragé encore à notre capture par la prime [2], il nous semble marcher dans une avenue d'espions. Pour comble, le village, qui sans doute n'a qu'une rue, ne finit pas.

1. Kaufering.
2. On disait que cette prime était de 4 thalers, 15 francs, somme considérable pour un paysan bavarois. J'ignore d'où venait ce renseignement.

Qu'un chien se réveille, et dans ce long boyau obscur, aux détours imprévus, encombrés de charrettes, nous voilà embarrassés, cernés, acculés.

Pourtant, on n'entend rien : pas une fenêtre qui s'ouvre, pas un chien qui donne signe de vie. Nous voilà au grand air, sans le moindre encombre. La rue s'élargit en une grand'route, puis s'évase en une vaste place, mal aplanie. Elle tourne encore une fois à droite, se rétrécit singulièrement; puis le sol se dérobe par une pente brusque ; le chemin cesse là. Un fossé, sans doute!

Quelques poutres semblent jetées là provisoirement, pour permettre le passage. En ce moment, je tiens la tête; par prudence, je n'avance sur une poutre qu'en chevauchant avec lenteur. Bien m'en a pris : après quelques mètres, l'air vif qui tout à coup m'arrive en flanc, le bruit soudain des grandes eaux, surtout la poutre qui brusquement cesse,... je comprends! Ce n'est pas un fossé, c'est le Lech qui est là, à cent pieds peut-être au-dessous de nous ; et ces poutres, ce sont les échafaudages d'un pont en construction !

Nous rebroussons. En touchant le sol, je m'aperçois que tout mon corps tremble. Quelques traînées de lumière blafarde, première annonce de l'aube, nous font découvrir plusieurs baraques, les dépôts d'outils. Mais notre chemin ? Faure ne reconnaît plus rien. Voici la gueule d'un tunnel [1]. Ce n'est pas une issue, cela. Il faut sortir pourtant ; ne se peut-il pas qu'il y ait par là quelque gardien de chantier ? En tout cas, encore quelques moments, le jour va éclater, les ouvriers arriver.

Enfin, un petit sentier, à peine frayé, m'apparaît. A tout hasard, nous montons. En haut, nouvelle difficulté : presque au bord de la montagne, on a creusé un puits,

1. Ligne récemment construite de Furstenbruck à Igling.

communiquant avec le tunnel; le sentier passe entre l'abîme et le trou, sur une crête remuée par les pioches, croulante. Faure chancelle, Poichet le retient à temps. Avec peine, nous traversons encore ce mauvais pas. Au delà, le chemin recommence et Faure s'y reconnaît.

Un coup de schnaps pour célébrer ce succès, et pour nous donner des jambes. Nous en avons besoin : il nous faut dépasser Landsberg avant le plein jour. Nous prenons le pas de course, un pas de course boiteux, tel que le permet le sentier raboteux, inégal, bordé à droite par le Lech qui, de sa profondeur, nous envoie des bouffées d'humidité et de bruit, à gauche par la vaste plaine garnie de hauts seigles, et où tout à coup, au loin, éclate un incendie. Poichet et moi, sans ralentir le pas, nous l'admirons : le spectacle est vraiment splendide. Faure se frotte les mains avec bruit, et Nux dit : « Tant mieux! pendant qu'ils font la chaîne, ils ne nous espionneront pas. » En trois quarts d'heure de cette allure, nous voilà près de Landsberg : une double tour, qui se dresse devant nous soudain, nous avertit. Nous prenons à gauche, à travers les enclos, les jardins, trouant les haies, sautant les murs, effrayant les chiens, brisant quelques cloches à melon. Que doivent penser de ce fracas et de ces quatre démons les braves Landsbergeois en villégiature? Il y aura du bruit demain, dans ce Landernau bavarois.

Enfin, nous retrouvons la grand'route, celle que nous avons quittée il y a deux heures. Il est quatre heures : l'aurore éclaire déjà tout, d'une lumière un peu froide encore. Mais nous avons du temps devant nous : le paysan bavarois n'est point si matineux. A six heures, tandis que sa triste femme ira à jeun, en mauvais haillons, sarcler la terre, et de ses pauvres doigts noirs arracher les mauvaises herbes, lui se lèvera pour son premier déjeuner, le café au lait qu'il trouvera tout prêt. Puis il pensera à sa pipe, et comme la précipitation est mauvaise conseillère, huit heures sonneront au clocher quand il quittera sa maison, les mains dans ses poches : car la femme lui a porté ses outils aux champs.

Enfin, voici un bois, de jeunes taillis; nous nous y enfonçons; à quelques centaines de mètres de profondeur, de vieux arbres ont laissé entre eux un espace de quelques pieds carrés, où les nouvelles pousses trop ombragées ne peuvent prendre. « Une alcôve! » s'écrie Nux. — Et nous nous couchons, l'un de nous faisant faction.

11 juin. — L'alcôve était froide, et avec nos habits pénétrés par la pluie et par l'humidité des seigles, bientôt nous y avons grelotté. Heureusement un beau soleil est venu nous réjouir et nous réchauffer : les oiseaux chantaient autour de nous. Tandis que nous savourions notre villégiature, Faure, guidé par de certains pépiements, a disparu quelques minutes pour revenir avec deux nichées de jeunes oiseaux : grâce à un petit feu qui sans trop de fumée nous a bientôt donné des cendres rouges, cela fait un léger supplément à notre dîner. Il faut être économe : avec cette rude marche, et l'appétit qu'elle éveille, que vont durer nos provisions? Une livre et demie de pain, un gros morceau de bouilli ou de lard, une demi-livre peut-être, voilà tout notre approvisionnement à chacun. Et de le renouveler, il n'y faut guère songer.

Le jour s'écoule vite. Une seule fois notre retraite est inquiétée; nous nous enfonçons dans le fourré. Des pas s'entendent non loin de nous; mais ce n'est pas à notre clairière qu'on en veut; ils s'éloignent. Et nous rentrons dans notre chez nous, Faure en tête, maniant un gourdin neuf qu'il s'est déjà taillé dans sa cachette, et jetant partout un regard de propriétaire jaloux et malcontent.

La nuit à peine tombée, notre caravane

reprend sa course à travers une haute futaie : une sapinière silencieuse, où le haut tapis brun rouge d'aiguilles amoncelées étouffe les pas, tandis que la haute colonade noire, portant à soixante pieds le toit épais, impénétrable, qui ne s'ouvre que par découpures franches, pareilles à des fenêtres gothiques, nous fait baisser la voix, imposant même à Nux un silencieux respect. Un écureuil, qui passe entre deux branches sa petite tête spirituelle, achève de me rappeler les *Sapins* de Pierre Dupont :

En bas ce sont des lapins gris,
En haut, un écureuil rougeâtre,
Qui ronge, avec de petits cris,
La pomme qui fait flamber l'âtre.

Ces hautes futaies de sapins, les habitants de cette partie de la Bavière paraissent les aimer; près de chaque village, on est sûr d'en trouver quelqu'une où, le dimanche, au sortir de l'église, à moitié endormi déjà par la fraîcheur du lieu et le ronronnement des offices, le paysan vient transvaser le contenu de quelque petit baril dans sa propre bedaine, histoire sans doute de changer la bière de tonneau et aussi d'avoir un prétexte pour pousser son sommeil ronflant jusqu'au soir. — Ailleurs, le paysan s'accommode au caractère du pays. Ce n'est pas inutilement d'ordinaire que l'on vit auprès des hautes montagnes à l'air sévère ou dans les grands bois sourds qui conseillent le silence et la méditation. Le Bavarois d'ici, lui, vit au pays des lacs bleus, des forêts sombres, sous le regard des Alpes neigeuses... Et dans cette nature recueillie, il ne voit qu'une succursale du jardin de sa brasserie.

Nous reprenons la route; le crépuscule l'éclaire encore; un village se présente : nous le traversons de notre air le plus gaillard. A la sortie, un bon vieux, trompé sans doute par ma casquette de soldat bavarois, nous salue de son « Guten Tag » ; je lui réponds :

« Gute Nacht », tandis que Nux lui serre la main, avec un sonore : « Bonjour, ma vieille ! » L'homme reste ahuri, appuyé sur son bâton, nous regardant dévaler la côte. Nux rit de sa gaminerie ; mais il rit seul. Sa plaisanterie gâte notre sécurité : sur cette grand'route, les gendarmes « en correspondance » ne peuvent manquer de passer bientôt : le vieux les avertira. Voilà une route désormais dangereuse.

Heureusement elle passe au milieu de bois profonds où il est facile de disparaître.

Jusqu'au matin, pas d'incidents. A l'aube, las, nous entrons dans la forêt. A peine sommes-nous installés, Faure pousse un cri d'alarme : nous sommes dans une coupe ! Les bûcherons peuvent survenir d'une minute à l'autre : justement, déjà on entend des voix dans les profondeurs de la forêt. Il faut sortir, reprendre la route. Cependant le jour se lève : une voiture publique vient à nous ; nous voilà à nous jeter dans les champs, à fuir à tout hasard. Un talus très élevé nous barre le passage, nous le gravissons; au sommet, c'est une voie ferrée. A cent pas, une cabane de gardien : l'homme sort, nous fait signe de ne pas traverser; le saut est déjà fait, et nous sommes disparus sur l'autre pente, que l'homme fait encore ses grands bras.

Encore quelques kilomètres de cette course. Il faut pourtant s'arrêter : le soleil monte. Plus de bois autour de nous, rien que des prés, nus, plats comme la main. Pas d'abri. Si, cependant : une baraque sur notre droite, une de ces baraques à foin, fermées par devant jusqu'à six pieds de haut, et, pour le reste, faites de planches à dessein mal jointes, qui laissent circuler l'air, afin d'empêcher la fermentation des herbes. Nous escaladons la devanture.

Hélas! ce n'est pas la fin de nos peines. Faure s'aperçoit que dans cette course désordonnée sa poche aux vivres s'est vidée. Il se tait d'abord, se rencognant dans sa place, tandis que nous commençons à manger. Son secret est bientôt deviné ; de gré ou de force, il partage nos provisions. Hélas! c'est peu de chose, du pain, moins gros que notre poing ; un peu de schnaps nous reste encore. Notre repos est dérangé presque aussitôt : des enfants jouent dans le pré, non loin de notre baraque. On se colle à terre, contre les poutres, qui servent de base aux quatre parois, et l'on se croit bien caché. Mais voilà qu'un grand diable de fille enjambe la devanture. Elle nous aperçoit, et dans un grand éclat de rire, crie : « Jager! » (des chasseurs).

Ce cri, qui devrait nous rassurer, nous effraie, comme si notre uniforme avait été reconnu. Nous bondissons hors de notre cachette, et dispersant la bande joyeuse qui s'effarouche, nous recommençons notre fuite. C'est pour aller, à cinq cents pas plus loin, à la traversée d'un chemin creux, qui brusquement nous coupe la route, débucher au milieu d'une procession défilant lentement, prêtres en tête. Tohu-bohu prodigieux! dévotes, suisse et porteurs de dais, tout se disperse. Avant que les hommes (il n'en manque pas dans les rangs) aient songé à se lancer sur nous, la pente opposée est gravie d'assaut, dépassée; nous détalons, toute la bande à nos trousses, au milieu de cris bizarres : ces braves gens doivent nous prendre pour des sacrilèges! Heureusement un refuge, un bois apparaît, non loin de là. Nous nous y précipitons, et à travers des taillis, des futaies, parmi les vallées, les ruisseaux, les collines, nous arrivons à une clairière bien silencieuse, où enfin une nouvelle baraque à foin nous promet un instant de repos.

Un chevreuil qui, sans nous soupçonner, vient rôder jusqu'à vingt pas de nous, nous rassure un instant : là où lui se croit à l'abri, nous pouvons reposer. N'importe! la peur est bientôt la plus forte : il nous semble que cette procession, le village entier doivent être à nos trousses.

12 juin. — Triste fuite ! Nous sommes allés nous embourber dans des marais [1], où j'ai laissé mes souliers, et où nous avons eu bien peur tous de laisser quelque chose de plus. Nous n'aurions pas été les premiers à faire une fin aussi peu bruyante : au camp de Lechfeld, on se raconte parfois l'histoire d'un pauvre diable, un sous-officier de tirailleurs algériens, qui, aux fêtes de Noël, est allé périr, près de Kempten, sur la route de Suisse, dans une fondrière, sous la neige, où on l'a retrouvé gelé quelques semaines plus tard.

D'épuisement, nos provisions étant presque à bout, nous nous décidons à entrer dans une scierie : elle est isolée, nous sommes quatre, que pouvons-nous craindre?

Au premier pas, dans la cour, deux énor-

1. Probablement ceux que l'Ammer forme au sud-ouest de Weilheim.

mes chiens de garde viennent nous recevoir : pas un aboiement! mais le respect qu'ils nous inspirent n'en est pas diminué. Dedans, un brave homme, à la figure débonnaire, sa femme auprès de lui, nous fait accueil. « Essen, trinken » (manger, boire). C'est tout ce que je sais leur dire. Il n'en faut pas plus : une grande jatte de lait, du bon pain noir, se trouvent devant nous, en un instant. Ces bonnes gens nous regardent manger, d'un air attendri : c'est à se croire de retour en France. J'offre un thaler; l'homme le prend, le met dans ma main, qu'il ferme de sa poigne robuste. — Il y a des vertus qui n'ont pas de patrie. L'hospitalité et la délicatesse sont du nombre. — Ils nous questionnent en leur patois : où nous allons? « Nach Œsterreich! » (en Autriche). Et nous leur montrons le sud. Ils ont deviné qui nous sommes. L'homme hoche la tête d'un air de pitié ; la femme se met à pleurer. Les pauvres gens, on croirait qu'ils ont eu un fils tué à la guerre; ils ne nous en traitent que plus doucement. Étrangeté du cœur humain! nulle part il n'est plus mystérieux que dans ses élans de bonté.

13 juin. — Nous avons marché, hier, la journée entière, à travers les bois, cherchant quelque route. A l'entrée de la nuit, la lassitude nous a tous vaincus, forcés de chercher un peu de sommeil dans un hangar à foin. Après deux heures de repos, la faim nous a réveillés; nous avons partagé nos dernières petites provisions. Tout étant fini, il fallait bien se remettre en marche, atteindre à tout prix la frontière.

L'aube nous a enfin montré une route : nous la longions, à quelques cents mètres à peine, sans nous en apercevoir. Elle court à peu près vers le sud. Nous n'y entrerons toutefois qu'à la nuit tombante; nous sommes trop fatigués, le grand jour est trop proche, pour continuer sur-le-champ. Il a plu, mais sous ces sapinières il suffit de creuser un trou dans les aiguilles dont le sol est formé, pour avoir un abri sec. Faure s'écarte, revient avec de l'eau dont il baigne mes pieds : mes talons, sur ce terrain singulier, au milieu des glissades qu'il faut à chaque instant faire sur ces rudes pentes, ont bientôt été à vif.

La journée s'écoule ainsi : Faure et moi, nous allons en détachement, tenter une expédition dans une ferme, isolée au milieu de ces bois. Dans la salle basse, toute sombre avec sa rangée de stalles de bois noir collée au mur, au bruit du bâton dont l'un de nous frappe la grande table de chêne, accourent trois femmes. Après un peu d'émoi, l'une, qui semble comprendre notre détresse, sort et revient avec un morceau de pain, une croûte oubliée dans la huche, un cadeau qui ne fera guère tort. j'imagine, qu'au chien de la maison. Pour obtenir mieux, je montre un gulden,

(2 fr. 15), je fais signe de l'échanger, je l'offre : la femme le prend, le met dans sa poche, et refuse de rien comprendre. Faut-il lui ouvrir l'entendement avec des gestes plus clairs? Poussés à bout, nous faisons mine de serrer nos bâtons; voilà nos trois mégères envolées, dans une chambre voisine, la porte massive refermée sur elles. Ce serait un siège en règle, maintenant, pour arriver jusqu'à elles. Autour de nous, rien à prendre. A l'étable, pas de vache; de basse-cour nulle part. Il faut partir, revenir au campement avec cette pauvre croûte de pain. Je fais le partage avec une exactitude méticuleuse : y a-t-il une balance de précision qui vaille en pareil cas les yeux de quatre affamés?

14 juin. — Encore une nuit passée en marche. Jusqu'à minuit, l'estomac tiraillé, nous nous sommes traînés lentement, faisant halte à chaque ruisseau : de boire, cela trompe la faim. Mais voilà que nous rencontrons une borne, une de ces épaisses bornes de quatre pieds de haut comme on en voit dans ce pays. Avec mes doigts je tâte : il y a une inscription. Vite une allumette : nous faisons cercle, abritant de nos corps, de nos vêtements, la flamme qui tremblote :

MITTENWALD
8 Stunden

Mittenwald! c'est-à-dire la dernière ville bavaroise, celle où il suffit de quitter la route et de se lancer, sur la droite, dans les sentiers de chèvres de la montagne pour franchir la frontière! huit Stunden, huit heures pour les Bavarois. Pour nous, cinq à peine. Demain soir, nous toucherons la terre dAutriche! Ainsi, à travers toutes nos courses, dans ce pays inconnu, durant quatre jours et cinq nuits, nous avons tendu vers le but incessamment, sans nous tromper. Qu'est-ce que le reste maintenant? L'espérance nous pénètre tous : à travers la nuit qui est ombre, nous sentons que nous rayonnons de joie. Nul ne dit une parole, mais au dedans de lui, chacun n'entend plus qu'un mot : liberté! Et ce mot qui remplit notre âme et nos oreilles, il semble qu'il retentisse autour de nous, qu'il nous enveloppe tous quatre comme une atmosphère qui fortifie et qui exalte.

Le tout est l'affaire d'une minute. Nous reprenons notre marche, cette fois droits et d'un pas ferme, du pas dont nous quittions le camp l'autre jour. A peine nous dérangeons-nous une minute pour laisser passer une voiture qui vient à notre rencontre : tapis dans un champ en contre-bas, nous la voyons arriver. C'est un char à bancs chargé de deux ou trois hommes, et qui tout à coup (sans doute ils ont vu ces quatre taches noires alignées auprès de la route) s'enlève, sous un violent coup de fouet, de tout le galop d'un lourd cheval de labour.

L'aube, chaque jour plus prompte à venir que la veille, apparaît bientôt, trop tôt à notre gré. Justement, à une brusque descente, elle nous montre une ville, où va s'enfoncer, en pleines maisons, notre route. Pas une fumée encore sur les toits pointus, couverts en ardoises, qui donnent à la ville un air propret. Elle repose, entre les deux lacs paisibles qui à sa droite et à sa gauche lui offrent un double miroir d'un bleu tendre [1]. Peut-être pourrons-nous passer avant le grand jour.

Car il faut la traverser. Faure, qui a entendu parler de ce dernier obstacle, l'assure du moins.

« Et pourquoi ne la tournerions-nous pas?

— Parce qu'il faudrait tourner l'un des deux lacs, et pour cela revenir sur nos pas, dans un pays où déjà des gendarmes doivent être prévenus par nos poltrons de cette nuit.

1. Le Staffel-See et le Rieg-See.

Et puis, où trouver des forces pour une telle course?

— Mais ne peut-on passer entre l'un des lacs et la ville?

— Les deux lacs se rejoignent au delà [1], les maisons nous cachent la jonction; il y a là un pont, où il faut à tout prix passer. »

En avant donc! Et nous dévorons la route. Nous voilà dans la grand'rue. Pas de boutiques : des fenêtres munies de grilles ventrues, voilà les rez-de-chaussée. A peine une ou deux portes ouvertes. Mais plus loin, sur la place, d'où une fontaine nous envoie déjà son glou-glou, elles sont plus nombreuses : une servante, cotillon court, bras nus, sort d'une maison. Poichet hésite, s'arrête.

« Nous allons dans un guêpier, souffle-t-il tout bas.

— Nous sommes f..., répond Faure : il ne fallait pas barguigner! rebroussons! »

1. C'était une erreur.

J'essaie de les entraîner quand même, je ne réussis qu'à obtenir une retraite en bon ordre, d'un pas tranquille, qui n'excite pas la curiosité. Une fois aux dernières maisons, on se consulte. Mon avis est qu'il faut, coûte que coûte, traverser : quand deux ou trois de ces poussahs viendraient à se réveiller, n'avons-nous pas nos jambes ?

Mais Faure vient de découvrir sur notre droite un chemin qui paraît contourner la ville : s'il passe par les faubourgs, il est plus sûr pour nous. Nous nous y engageons : le chemin bientôt se creuse, et au bout de quatre cents pas, débouche au fond d'une carrière.

Cette fois, c'est au pas de course que nous revenons à la grand'route ; deux kilomètres plus loin nous nous jetons dans les prés ; car la campagne ici est nue. Le soleil cependant s'est levé. Une fois de plus, c'est dans une baraque à foin que nous cherchons asile.

A travers les planches mal jointes, nous voyons passer des gendarmes, au pas de leurs mauvais petits bidets, à moitié endormis en selle, leur schapska en toile cirée dodelinant d'avant en arrière. Ils sont bien les frères de ceux qu'à Lechfeld, le lundi de la Pentecôte (mon unique jour de permission), j'ai vus, dans l'auberge, contempler à travers la fumée de leurs pipes et l'amas de leurs chopes, d'un air impartial, les jeux de mains des ivrognes avec les filles de service, tandis qu'auprès d'eux la matrone de la maison se faisait justice elle-même sur la personne de quelques malandrins sans le sou pour payer.

Les nôtres, s'ils nous cherchent, attendent visiblement que nous venions les prier de nous prendre. Aussi, tandis qu'ils vont, viennent, à cent pas de notre abri, nous y prenons notre somme. Pénible sommeil, au reste, et qui ne dure guère. Au réveil, on boit un coup d'eau, car nos gourdes sont pleines; on fouille ses poches, pour rassembler les dernières miettes. Une petite croûte de pain, d'une once à peine, que Faure découvre logée dans la doublure de son paletot, un très léger paquet de tabac allemand, qui se trouve dans ma poche, c'est tout le fruit de nos recherches. Heureusement que Faure et Nux disent préférer le tabac : ils le mâcheront, voilà deux jours qu'ils en étaient privés; cela dure plus que le pain, et soutient mieux. Poichet et moi, nous acceptons le troc sans plus chicaner. Est-ce bien un troc, pourtant? Je ne me souviens pas d'avoir jamais vu chiquer le brave Nux; et ce qu'il a fait de sa part de tabac, je ne le vois point. L'excellent garçon nous aurait-il trompés? Je l'en sais bien capable. D'y penser, les larmes me viennent aux yeux, et je rougis. Nous échangeons un regard : je ne me trompais pas. Je ne trouve rien à lui dire; mais à quoi bon? il m'a compris et il me sourit d'un air heureux.

Parfois des paysans, des enfants surtout, rôdent jusqu'à dix pas de nous. Mais au milieu du jour la chaleur lourde chasse tout ce monde, fait la solitude autour de notre baraque. Dans notre cahute, la conversation s'engage : on parle de Paris, qui s'est insurgé et qui a été brûlé de fond en comble : c'est le lampiste, un Bavarois, un combattant de Langensalza, qui depuis 66 garde rancune aux Prussiens, de qui nous tenons cette nouvelle : « Paris, *Feuer* (feu) Touilériss, Stadthaus (hôtel de ville), Louvre, *Feuer*, *Feuer!* » Et le pauvre homme avait un air de compassion, qui nous prouvait sa sincérité, nous déchirait le cœur. Que devenait donc la France? En était-ce fait de la vieille unité française? Là où nous avions laissé notre patrie, qu'allions-nous trouver? Nous nous rattachions à quelques espérances, à ce nom de Gambetta, d'un prestige si puissant naguère auprès de tous les soldats de l'armée de l'Est. Cette façon d'espérer me remettait en mémoire le vieux sergent porte-fanion de mon bataillon, le brave Fauverge, au 19 janvier, premier jour de la retraite, ses yeux pétillants de colère, sa bonne figure, si joviale d'ordinaire, toute renversée, sa voix bégayante de rage, me disant : « Tout ça ne peut être qu'une trahison! Si tu veux venir avec moi, petit, viens! Moi, je brûle ma hampe, je cache mon fanion dans ma ceinture, et je vais trouver Gambetta : il faut qu'il sache comment on nous mène! »

Ces causeries, ces souvenirs nous conduisent au soir. Le soleil, une fois couché — de l'autre côté du lac, qui resplendit un instant, dans les Alpes, dont les glaciers, un à un, s'allument et s'éteignent — tandis qu'on s'apprête à partir, Poichet, en pâlissant, baissant la tête, d'une voix presque honteuse, parle de descendre dans l'un des villages qui bordent le lac : « Le paysage est très joli... Les fritures y doivent être bonnes.... » Il essaie de rire. Le pauvre homme!

ses jambes tremblent sous lui; dans ses yeux flambe le feu de la fièvre.

Nous nous taisons pourtant,... mais lui qui sous ce silence sent bien la résistance, le refus, parle toujours : « Nous sommes quatre... Et puis, nous avons nos bâtons... Allons, ce n'est qu'un moment de retard. » La faim lui fait une voix chevrotante.

Il faut cependont répondre : « Vous savez bien que c'est impossible, Poichet. Se mettre dans la gueule du loup! C'est une reddition nouvelle, avec ses hontes et ses misères, le voyage à travers les villes ennemies, sous lés huées; l'emprisonnement dans quelque casemate où l'on pourrit; l'évasion désormais impossible, la captivité sans terme prévu... Et cela, quand nous sommes à deux pas de l'Autriche! Quelques heures de courage, c'est donc beaucoup vous demander? Cette nuit, avant le milieu de la nuit, nous sommes libres! »

Mais lui, qui n'entend que le cri de son

estomac en détresse, a déjà sauté hors de la baraque : il descend la pente qui mène au lac. — Nous avons juré de ne pas nous abandonner ; il est le plus affaibli ; à quatre on peut réussir à se tirer d'un mauvais pas. Sur cette réflexion, nous le suivons. A travers les vergers, sautant les petits murs, roulant sur les cailloux ronds, nous dévalons jusqu'au village [1]. Au bas de la côte, à l'entrée d'une petite ruelle qui va déboucher dans la rue principale, nous nous arrêtons tous quatre, saisis par un spectacle étrange : en face de nous, à trente pas, par une porte large ouverte comme un cadre lumineux découpé sur le fond sombre d'une vieille maison, une vaste salle basse, toute rayonnante de la lumière un peu jaune des cierges : au milieu, dans le grand lit, une tête de malade, de mourant, dont la pâleur se confond avec la blancheur des draps ; tout autour, des

1. Seehausen.

enfants en surplis, un groupe d'hommes et de femmes agenouillés, et au-dessus d'eux, seul debout, grandi par cette attitude prosternée des autres, un prêtre dont le chuchotement triste, dans ce profond silence que font la nuit au dehors et la mort au dedans, parvient jusqu'à nous. Nous passons, chapeau bas, et songeant pourtant que dans ce moment de deuil, l'auberge doit être plus solitaire, plus abordable pour nous.

Il n'en est rien : dans la salle, où l'on arrive par un couloir étroit, au fond, sous une lampe à pétrole dont le verre graisseux semble salir la lumière, quatre ou cinq gaillards causent entre eux, à demi étalés sur la table, les coudes en avant, le nez sur leurs chopes, comme s'ils dialoguaient avec leur bière. Nous entrons cependant, nous restons, debout, autour de la table la plus voisine de la porte. La maîtresse est accourue au bruit : sur la demande que je lui adresse, après avoir rassemblé tout ce que je trouve d'allemand : « Meine Frau, Brod, Eier, Bier », elle nous apporte de ces tout petits pains ronds, blancs et fades, qui là-bas se mangent dans le café au lait, des œufs durs, et pose devant chacun de nous un *maas* de bière, presque un litre. Je mets un thaler sur la table. La bière est avalée d'un trait. Je fourre dans ma poche ma part de vivres. Mais Poichet, qui s'est laissé choir sur une chaise, tout amolli déjà de cette rentrée dans la vie civilisée, avec un sourire contraint sur les lèvres, s'installe, veut demander un second *maas*. Faure lui prend le bras : « Vous nous perdez, Poichet. » Cet instant de lutte a suffi : l'un des hommes, que j'avais déjà remarqué — il semblait causer de la campagne de France, de nous peut-être, et nous jetait des regards obliques — s'est glissé dehors. Enfin Poichet se lève sur ses jambes raidies : est-il temps encore? déjà des clameurs se font entendre dans la rue. Nous nous précipitons, Nux en tête; l'entrée du couloir est barrée. Nux et Faure, d'un furieux élan, renversent tout; sur leurs talons, tête baissée, j'arrive au milieu de la rue : nous voilà dégagés. Mais Poichet? Nous nous en apervons alors, il n'a pu suivre. « Revenons, nous ressortirons tous par le jardin », dit Nux, qui a remarqué une double sortie. Rentrés, nous nous trouvons refoulés par nos agresseurs, qui se multiplient, et déjà sont en foule. Dans le couloir, la poussée, devenue irrésistible, menace de nous écraser : nous rentrons, presque projetés par la bousculade, dans la salle. La foule nous y suit, hurlant, brandissant des bâtons. Massés dans un coin, retranchés derrière une table, qui bientôt est enlevée, nous armant alors de tabourets; grâce aux immenses bras de Nux, à la mine de Faure, effroyable en ce moment, nous réussissons à faire, à maintenir un cercle d'espace libre entre nous et ces brutes furieuses, qui se contentent de nous insulter à distance. Seul l'auteur principal de notre désastre, que ses camarades appellent « der Bœcker » (le Boulanger), s'approche, et de sa main tendue fait le geste de me caresser, comme à un petit enfant, mon menton sans barbe. Je lève en l'air mon tabouret; mon brave recule, et se met à faire sa partie dans le chœur dont nous régalent ses dignes amis, et où les *Schwein* et les *Speck* se détachent sur un fond d'épithètes moins claires pour nos oreilles peu familiarisées avec cette musique allemande.

Cela dure une demi-heure et nos concertants ne paraissent pas se fatiguer. L'arrivée les gendarmes nous apporte un peu de calme : le brigadier, gros homme pansu, à figure débonnaire, ses quatre hommes sur deux rangs derrière lui, vient se poser en face de nous; il essaie un interrogatoire; à l'aide de quelques mots : *Franzo-*

sen Gefangenen (prisonniers), *Lager* (camp) *von Lechfeld*, je le satisfais dans la mesure de nos convenances. Il demande nos noms : je ne comprends pas : à quoi bon aider à reconnaître ceux d'entre nous qui ont déjà quelques escapades à leur actif? Le brigadier alors, de sa baguette qu'il enfonce dans le canon, nous montre que son fusil est chargé. Compris. Une dernière formalité : les menottes. Nous connaissons tous déjà l'instrument; néanmoins, à ce coup, nous jetons un regard sur Poichet. Le pauvre garçon a des larmes dans les yeux; à travers sa barbe, je vois ses lèvres trembler d'émotion. Que nous avons tort de l'accuser! En nous liant quatre ensemble, n'avons-nous pas prévu que nous mettions contre nous toutes les chances de défaillance physique qui peuvent atteindre quatre hommes? Il a tenu bon jusqu'à la dernière lueur de force matérielle. Même au dernier moment, quand il nous quittait, visiblement il voulait aller seul, se sentant à bout, se livrer, isolé, à ces rudes paysans tyroliens. — Je me rapproche de lui, nos mains se trouvent liées par la menotte : je serre la sienne, et pour essayer de rire : « Deux universitaires à la même chaîne, lui dis-je, voilà qui a encore son originalité. »

Dix minutes après, dans la nuit noire, sous la pluie qui tombe drue, je me repens un instant de cet arrangement : sur cette côte escarpée, dans le sentier étroit, parmi les pierres croulantes, je vois nos gendarmes, embarrassés de leurs sabres, de leurs buffleteries, chanceler à chaque pas. Une seule poussée, et je peux jeter à terre celui qui marche à ma droite en serre-files; en trois bonds, nous sommes hors de portée, mon compagnon de chaîne et moi. Mais Poichet peut-il tenter ce coup de force, cette course effrénée, sur une rude pente, inconnue, au bas de laquelle, tout près d'ici, s'étale le lac? Je l'interroge d'un mot : il a déjà pensé à la chose, consulté ses forces : « Plus d'huile dans la lampe! » Il faut se résigner. Et nous arrivons, la tête un peu plus basse encore, à Murnau, notre ville du matin; là, après comparution devant un commissaire de police ou un directeur de prison, qui a l'encolure d'un franc imbécile, débarrassés des menottes, nous entrons dans notre cachot : les gendarmes, restés sur le seuil, referment promptement la porte. A tâtons, nous trouvons quelques bottes de paille, étalées à terre, et qui peut-être ne sentent pas très bon. Sans un mot, nous tombons là; et n'ayant pas même songé à nos provisions, heureux de ces ténèbres qui nous cachent nos visages les uns aux autres, nous nous enfonçons dans un silence triste, peuplé de pensées d'instant en instant plus sombres et plus confuses, et qui se termine en un accablement, en un sommeil troublé, avec des rêves de fuite, des espérances, puis des ressouvenirs, des rechutes dans la réalité, des réveils brusques dans le cachot obscur, encore plein de l'écho des soupirs.

Rien de plus désolé que le retour d'un évadé ressaisi dans sa fuite. Tant d'espérances perdues, de fiertés brisées! Retomber sous la lourde main du vainqueur, après avoir à pleins poumons respiré la liberté! — C'est le lendemain que ce supplice commence pour nous.

A l'aube naissante, tous éveillés, n'osant encore nous parler, pourtant nous attaquons nos provisions. Jusque-là, nous avions tenu bon : nous sentions là une sorte de compromis, une façon d'accepter la captivité, de consentir aux nécessité de la vie. Cette inévitable faiblesse, qui nous est commune, nous réunit : la conversation renaît très vite, roulant sur notre aventure, gouailleuse, presque gaie parfois. A neuf heures (on ne paraît pas matineux à Murnau), le geôlier vient nous offrir à déjeuner — à nos frais, ajoute-t-il par un geste parfaitement éloquent. Sur notre refus, il sort d'un air grognon, rentre avec une cruche d'eau : il paraît que c'est tout l'ordinaire de la prison. « Il faut croire, dit Nux, qu'ici les gendarmes n'arrêtent que des grenouilles! »

Bientôt nous sortons. Défilé au milieu d'une haie de curieux : la population de Murnau paraît être toute là, hommes et petits garçons en hautes bottes raides et cirées, pareilles à des tuyaux de poêle neufs, avec les culottes bleues ouvertes, aux soutaches de soie et d'or accumulées par derrière en ornements pyramidaux; femmes en bottes aussi, mais en bottes molles, avec le corsage tout raidi par les broderies métalliques. Nous brossés, peignés, cirés (ceux qui ont leurs souliers) — le soldat français n'oublie les accessoires de toilette en aucune extrémité — mes galons d'argent posés sur mes manches, nous défilons, au pas, le jarret tendu, le regard droit devant nous, au milieu de ces badauds dont nous ignorons obstinément l'existence. Si les pieds nus, les talons saignants de tel d'entre nous, attirent l'attention de quelques-uns, nous ne voulons pas le savoir.

Comparution devant les autorités, dans une maison qui doit être le *Stadthaus* : quelques personnages grassouillets et paternes nous adressent des questions, que nous comprenons peu, et auxquelles nous ne répondons rien. Là-dessus, dûment ficelés, on nous fait monter dans une charrette, avec trois gendarmes carabine au poing et un conducteur.

A Weilheim, première station...

Mais à quoi bon remuer les tristes souvenirs, les hontes de cette fin d'odyssée?

Un mot toutefois : je veux remercier d'abord de leur accueil le directeur de la prison de Weilheim et sa famille. Excellentes gens, d'une bonhomie un peu débraillée, qui d'abord gêne notre timidité farouche de captifs. Mon âge les a bien disposés pour nous ; ils nous parlent de leurs enfants : l'un d'eux a fait la guerre, il est étudiant. — « Moi aussi ! » Ce mot a rompu la glace ; et c'est chez eux que nous passons la soirée. Au matin, sur le seuil, tandis que les gendarmes nous ficellent, tous sont là, le vieux père en gilet rouge, avec sa culotte à pont-levis ; la maman toute ronde, endormie encore, et devant eux les deux fillettes, deux enfants brunes, et qui avec un sourire hardi nous demandent un souvenir. Chacun donne quelque bagatelle ; mais c'est mes galons qu'elles voudraient. Hélas ! cela ne se donne pas ! Bien vite elles comprennent, elles se consolent, et c'est sur le ton sincère d'amis prenant congé que nous échangeons un dernier « Auf wiedersehn ! » (au revoir), eux pleurant presque, nous, tout remués d'avoir entrevu un moment l'image de cette patriarcale et touchante Allemagne, que la France aima si naïvement, et qu'elle a peine à reconnaître aujourd'hui sous l'uniforme prussien.

Nous rentrons bientôt dans la réalité moderne. A la gare, c'est un prêtre catholique qui s'étonne de notre tentative : il sait un peu de français. « Vous alliez être rapatriés! — Eh! que disent donc alors vos officiers, toujours menaçants, que nous resterons jusqu'à la fin des cinq milliards, que nous servons d'otages, et le reste? A qui faut-il croire? Arrangez-vous, et mettez vos mensonges d'accord! — Tant de temps dehors, de quoi viviez-vous? — C'est notre affaire. — En somme, c'est une folie de Français, que cette tentative! — N'est-ce pas? voilà une de ces folies que ne feraient jamais vos prudents Allemands? Pour vous autres sages, quand on a le lard et la bière, qu'est-ce que la liberté ? »

A Munich, c'est la prison publique : trois jours dans un cachot, pêle-mêle avec les voleurs, et sous les yeux, quand on veut respirer à la fenêtre grillée, la salle, pleine de hurlements, où se trouvent enfermées, vautrées, dans un débraillement hideux, les filles et les ivrognesses prises en flagrant délit. Parmi les escrocs qui nous entourent, un Polonais, persécuté à ce qu'il dit, sans doute pour ses opinions en matière de jeu : intelligence remarquable, très cultivée. Il connaît bien la France, il la compare à l'Allemagne. Faut-il croire ce qu'il nous dit des mœurs à Munich : la promiscuité, l'inceste jusque dans des familles aisées? Cent anecdotes à l'appui rendraient la chose croyable. Le tableau qu'il nous fait de la Bavière au lendemain de la déclaration de guerre est plus vraisemblable encore : Partout un mélange singulier de résolution et de terreur : les Français, un corps d'armée au moins, allaient, comme la foudre, fondre sur le Palatinat, le Wurtemberg, tout saccager, comme au temps de Turenne. Mais ce serait tout : cet effort épuiserait le Welche; l'Allemagne était seule vraiment tout entière en armes, invincible à la longue.

Une sorte d'officier vient enfin nous faire je ne sais quel sermon en un baragouin qu'il a l'air de prendre pour du français. Je n'en saisis pas un mot; seulement ceci, par où il termine, s'adressant à mes compagnons : « Vous, six mois »; puis se tournant de mon côté : « Vous, treize mois. » Il s'agit de prison, j'imagine. Et si j'ai le gros lot, je le dois à mes galons. Au reste, qu'importent ces simagrées?

Le lendemain, c'est le transfert : la sortie de prison, la sortie entre les gendarmes, jusqu'à la gare, immense baraque aux arceaux de bois peinturlurés, dorés; elle est pour le quart d'heure transformée en une arche de Noé, où s'écrase une foule mugissante, grognante, joyeuse enfin à sa façon, et qui attend la rentrée d'un corps d'armée retour de France, le corps de von Werder, si j'entends bien. A notre vue, plusieurs assistants, qu'exalte peut-être cette journée de triomphe, sont pris d'un accès de *Franzosenfresserei* : huées, sifflets, gestes de menace ! Nux reçoit en pleine face un cigare allumé; quelque imbécile déchire mes habits. Nos gendarmes, avec une véritable énergie, nous protègent, nous poussent dans un wagon. Il était temps : l'histoire, récemment publiée parmi nous, de ces prisonniers français qui, à Mecklembourg, furent attelés aux canons français échus en partage à cette ville, nous revenait à l'esprit, et nous nous demandions si ce n'était pas assez de hontes bues, et s'il ne valait pas mieux en finir, se jeter sur l'un de ces furieux, se faire tuer sur lui.

A Schwabmünchen, dernière station, d'où

nous allons rejoindre à pied le camp, nous offrons à boire à nos excellents gendarmes, qui trouvent tout naturel ce payement de leurs services. Tandis qu'ils déjeunent afin de mieux boire, nous restons étendus à terre, bien tristes ; le chef de gare nous exhorte à nous rafraîchir : il essaie de nous consoler : tous les jours maintenant on rapatrie des prisonniers français ; les trains ne cessent de passer. — Ce mot reste dans mon esprit, et le travaille.

C'est à ce mot que j'ai dû ma délivrance, si prompte. C'est lui qui m'a donné le courage, une fois rentré au camp, présenté au commandant, reconnu et déposé dans la prison provisoire, de m'en évader au bout de deux jours, par une des fenêtres aux volets de bois plein, en coupant les traverses de chêne qui la maintenaient ; ce fut l'affaire de plusieurs hommes, travaillant une nuit entière, mais je fus seul à en profiter. La nuit venue, il fallait fuir du camp ; cette fois, ce fut en passant au ras du corps de garde principal.

Ce même mot me soutenait quand, dans la plaine, entre le camp et la gare, sans vivres, mangeant la nuit quelques grains de seigle mal mûr, rongeant à la fin des betteraves, passant le jour au fond de quelqu'un de ces vieux puits à sec qui alimentaient l'ancien camp (au temps du premier empire, dit-on), et où les corps de pompe d'autrefois, des arbres creusés tout pourris, me servaient d'échelle, j'attendais, six ou huit heures de suite aplati contre le talus de la voie ferrée, si quelque train ne passerait pas, chargé de Français. Vers la fin seulement de la troisième nuit, avec une joie incroyable, avec des soubresauts d'espérance et des tremblements d'inquiétude, j'entendis, par-dessus le roulement des voitures sur les rails, ces cris, ces éclats de rire clairs et pleins, inimitables aux Allemands, qui pour moi sonnaient la délivrance. Le train s'arrêtait; en moins de rien, malgré une sentinelle que j'étourdis de trois ou quatre mots allemands lancés en plein visage, je me blottis dans un wagon, parmi des artilleurs, accueilli, compris, caché sous les bancs, avec des soins minutieux de tous ces hommes, sans avoir eu besoin d'une seule parole.

C'est sous les bancs de ce wagon à bestiaux, côte à côte souvent avec un factionnaire qu'on relevait parfois, mais qui toujours ronflait, que je fis ce voyage, de plus de cent heures, nourri des économies de mes nouveaux camarades. C'est là, qu'à Strasbourg, à Mulhouse, vinrent me chercher, pour panser mes pieds blessés, ces infatigables Françaises d'Alsace, dont la bonté, après un an de sacrifices, ne s'était pas lassée. Là aussi, ce vieil ouvrier alsacien, à qui, dans une défaillance passagère, j'osai parler de la difficulté qu'aurait l'Alsace à demeurer française par le cœur, choyée qu'elle serait par les Allemands (je le croyais), et qui pour toute réponse, d'indignation me tournait le dos : « Vous avez de la chance, vous, d'être blessé. On est bien forcé de vous laisser dire! »

Ç'avait été là ma première parole de découragement : grâce à cet homme de cœur, ce fut la dernière. C'était lui, cet Alsacien abandonné à l'étranger, ce captif à perpétuité, qui m'apprenait à moi, le délivré du lendemain, à croire dans l'avenir du pays!

Combien de mes camarades, en traversant cette terre d'Alsace, au milieu de ce concours d'un peuple qui semblait en nous saluant dire adieu à la France, reçurent aussi cette fortifiante leçon! Dès ce moment nous avons senti, nous autres exilés, plus aisément que les témoins des hontes dernières, renaître notre foi dans l'immortalité de la patrie, et nous n'avons pas désespéré.

Bientôt ce fut la France demeurée française : ce Belfort, que nous avions cru toucher et dont les obus un moment s'étaient, en pleines lignes prussiennes, rencontrés avec les nôtres : maintenant occupé! — Vesoul, prodigieux tohu-bohu de prisonniers délivrés, tous les uniformes mêlés; des blessés laissant voir leurs moignons mal guéris encore; des turcos tout pâles, grelottant du froid de l'Allemagne, qui les a gelés à jamais : ils achèvent de cracher leurs poumons, fuyant les médecins, les hôpitaux, dans leur effort désespéré pour retourner mourir en Afrique. Là, trois jours d'arrêt passés à attendre ma feuille de route. — Gray : à la gare deux de mes soldats, deux jeunes gens du Midi, deux cousins, engagés volontaires, me saluent : ils étaient de ma dernière affaire. Tous deux, amputés d'une jambe. C'est moi qui là-bas les ai retenus cinq heures sous le feu : ils ne me font pas de reproches; l'un voit mes regards, attirés malgré moi sur ses béquilles : il me tend la main : « Il fallait bien tenir bon! » Le chef de gare, que je prie de leur épargner l'attente, la fatigue des troisièmes classes, me regarde : « Votre mine ne vaut guère mieux ! » et nous expédie tous trois par un train direct. — A Dijon, dans la salle d'attente, un gendarme, les pieds dans de grosses pantoufles d'où débordent des linges, vient à moi : « Tiens ! voilà le petit sergent qui g...ait tant ! » C'est vrai, je criais fort, punissais peu. Je le reconnais : il était de la maréchaussée ; marchant à l'arrière-garde, il nous suivait le dernier jour, le jour de la retraite. Il nous a vus, dans le village où nous avait postés le commandant, résister, deux sections contre deux bataillons avec du canon, tenir là de midi à la nuit. Il nous a vus tomber presque tous, moi deux fois, d'abord la jambe éraflée d'une balle, puis, à la fin, assommé d'un coup de crosse. Alors il est parti, sûr qu'il n'y avait pas de déserteurs là, crevant sa jument pour rejoindre l'armée. C'est là que ses pieds ont été gelés. Il me raconte le spectacle hideux de la retraite, les routes jonchées de caissons, les chevaux morts à l'attelage; dans les bois, des compagnies entières gelées, pas un n'ayant eu le courage d'allumer du feu.

Dans le train, je dépasse les derniers soldats allemands : me voilà dans la France délivrée. Pourtant, cette pauvre famille qui occupe le reste du wagon, ce sont des Alsaciens : la vieille mère, sa fille avec quatre enfants, pas d'hommes, toutes deux veuves, les petits orphelins. Elles vont à Saint-Étienne, on leur a dit que là il y avait de l'ouvrage. A peine peuvent-elles s'expliquer en français; à Lyon, dans la gare, je les dirige, les confie à un employé. Puis, à travers les rues, — chancelant, non pas sous le poids de mon sac, ni à cause de mes pieds écorchés, mais étourdissement, stupéfaction de me retrouver au milieu de ces maisons qui n'ont pas changé, de ces figures que mon aspect étonne, et qui ne comprennent pas, — me demandant si c'est donc moi qui rêve depuis un an, j'arrive à la maison. Les portes sont ouvertes ; on est à table : ma mère, ma sœur, les petits, mon frère aîné étendu dans un fauteuil, pâle encore d'une blessure à la poitrine. Tous se lèvent ; ils ont l'air épouvantés. Puis un cri de joie, de joie maternelle, de joie folle : « C'est toi ! — Oui... J'ai bien faim ! »

Coulommiers. — Imp. Paul BRODARD. — 217-95.